Die ⦚ BUCKET LIST ⦚ für
Freundinnen

Die BUCKET LIST für Freundinnen

250 DINGE

DIE WIR JETZT

zusammen

erleben müssen

STEPHANIE FISCHER

PLAZA HEEL

Vorwort

Freunde sind bekanntlich die Familie, die man sich aussuchen kann. Die beste Freundin ist deshalb nicht Gold wert, sie ist **unbezahlbar!** Denn wenn du deinen Lieblingsmenschen gefunden hast, mit dem du gute und schlechte Zeiten teilen kannst, hast du alles, was du brauchst. Alltagsprobleme, Gedanken oder Geheimnisse — es gibt kein Tabu! Ihr kennt eure Macken, habt den gleichen Humor und seid trotzdem (oder gerade deshalb) **unzertrennlich.**

Ihr macht eh alles und noch viel mehr am liebsten gemeinsam? Dann unterstützen wir euch ab sofort mit **250 Aufgaben** — mal abenteuerlich, mal entspannt, aber immer **besonders. Küchenpartys, Speed-Datings, Ladies Nights, Kostümverleihe, Raftings** und weitere verrückte Aktionen wie **Beauty-Tage, Ausflüge, Girl-Power-Songs und Serienmarathons** warten auf euch! Egal, ob ihr euch erst seit Kurzem kennt oder seit Kindheitstagen vertraut seid, ihr werdet euch noch besser kennenlernen.

Ein Buch rund um eure Freundschaft! Von kleinen To-dos über längere Projekte bis hin zu großen Lebenszielen ist alles dabei. Natürlich inklusive viel Platz für eure eigenen Ideen sowie Beweise eurer Zeichenkünste oder Fotos, damit dieses Büchlein für Freundinnen eure **ganz persönliche Bucket List** wird. Denkt daran: Es geht nicht immer nur um ausgefallene Erlebnisse, sondern um Dinge, die Spaß machen – je nach Lust und Laune, die auch tagesformabhängig ist.

Hauptsache, ihr verbringt die Zeit miteinander! Schließlich ist sie viel wertvoller als materielle Geschenke. Zeit bekommt man nicht zurück. Aber ihr könnt sie in diesem Buch festhalten, damit ihr die großartigen Glücksmomente nicht vergesst. **Diese Bucket List ist nämlich genauso einzigartig wie eure Freundschaft!**

Dieses Buch gehört

&

Best Friends seit

PLATZ FÜR EIN FOTO IM
FORMAT 9 X 13 CM

Das sind wir vor unserem Kennenlernen

PLATZ FÜR EIN FOTO IM
FORMAT 9 X 13 CM

PLATZ FÜR EIN FOTO IM
FORMAT 10 X 15 CM

Das ist unser erstes gemeinsames Foto ↗

Das sind wir

Seit Tag 1 sind wir unzertrennlich wie Schwestern, weil:

....

....

....

Hier haben wir uns kennengelernt:

....

....

....

....

Wer hat wen angesprochen und warum?

....

....

....

....

....

Das machen wir total gern zusammen:

....

....

....

....

Und das geht gar nicht miteinander:

....

....

....

....

Wir teilen alles, außer:

....

....

Das schätzen wir besonders aneinander:

....

....

....

Diesen Song

2:18   3:41

✕   ◂   ❚❚   ▸   ⟲

feiern wir, weil:

....

....

Diese Stärken haben
wir gemeinsam und
verbinden uns:

- ....
- ....
- ....
- ....
- ....

Damit bringen wir uns
gegenseitig auf die Palme:

1.
....

2.
....

3.
....

Unser peinlichstes
Erlebnis ist:

....

....

....

....

....

Unser schönstes Erlebnis ist:

....

....

....

....

Das ist typisch für uns:

....

....

Vergesslich? Daran müssen wir uns
gegenseitig immer erinnern:

....

....

....

....

Unser Insider ist:

....

....

....

1.

GEMEINSAM SCHAFFT IHR ALLES

UNTERSTÜTZT EUCH GEGENSEITIG BEI
EURER JEWEILIGEN BUCKET LIST.

2. Dream-Team

Löst knifflige Rätsel und befreit
euch aus einem Escape Room.

3. Girls Just Wanna Have Fun

Erstellt eine gemeinsame Playlist.

★ ....

★ ....

★ ....

★ ....

★ ....

★ ....

★ ....

★ ....

★ ....

★ ....

2:18   3:41

4. ☐

"Das Outfit steht dir nicht?",
"Du hast dich komisch verhalten?",
"Du hast deine Mitte verloren?"

Freundinnen sind schonungslos ehrlich
zueinander und haben sich trotzdem
(oder gerade deshalb) lieb.

Was habt ihr euch zu sagen?

5.
(FAST) ALLES WIRD GETEILT:

Auch die Tüte Popcorn im Kino, die Pommes im Schwimmbad
oder die Zuckerwatte auf der Kirmes.

☐

6.

Wie wär's mal wieder mit einem ausgedehnten Sektfrühstück oder einem Brunch? Trefft euch am frühen Morgen und schlemmt zusammen in den Tag hinein.

7. Selbst ist die Frau

Plant ein Camping-Wochenende mit Marshmallows und Stockbrot über dem Lagerfeuer und quatscht stundenlang im Zelt.

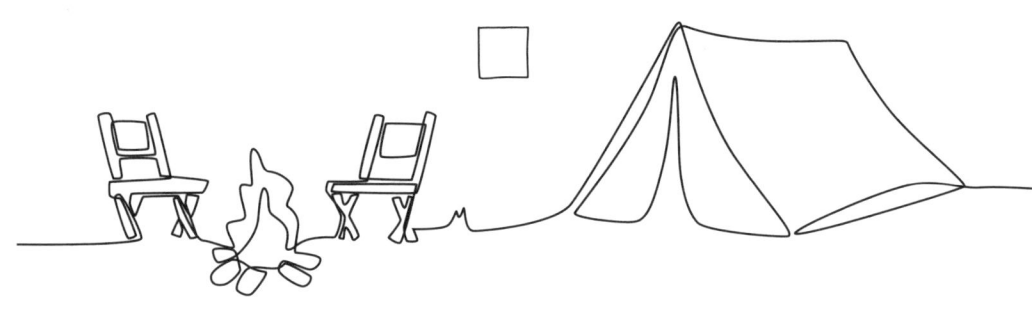

8.

Wenn alles beim Wochenend-Campen gut funktioniert hat, dann mietet doch ein Reisemobil für den nächsten Urlaub. Lasst euch auf Freiheit und echte Abenteuer ein.

9. Geht einen Tag im
Best-Friends-Partnerinnen-Look.

10. Spice Girls, No Angels, Pussycat Dolls:
Trällert beim Karaoke gemeinsam eure

GIRL-POWER-LIEBLINGSSONGS.

11. Erobert die Welt!

Welche Orte und Länder wollt
ihr zusammen bereisen?

....

....

....

....

....

12.  □

Im Sandkasten, in der Schule, im Büro oder beim Einkaufen?

Wo haben sich eure Wege gekreuzt? Besucht den Ort,
an dem ihr euch zum ersten Mal begegnet seid.

13. □

Wenn wir alt und grau sind ...

Bis zur Rente ist noch (laaange) hin.
Überlegt schon jetzt, wie ihr sie als
Best Ager genießen wollt.

14. □

Sonst seid ihr ein Team, heute aber Konkurrentinnen:

GEBT VOLLGAS BEIM GO-KART-RENNEN.

Wer kommt als Erste ins Ziel?

15.
Tanzt im Regen □

Das muss auch nicht zwingend barfuß sein, wie es Michael Holm in seinem 70er-Jahre-Song fordert.

16. ☐

DIE TOP-5-REGELN EURER FREUNDSCHAFT?

1. ....
2. ....
3. ....
4. ....
5. ....

17.

Geht zu einer Wahrsagerin

und lasst euch
die Zukunft
prophezeien.

18.

Pilates, Malen, Zumba oder Stricken?

PROBIERT GEGENSEITIG EURE HOBBYS AUS.

19.

Eure Freundschaft hält für immer?

Nehmt euren Mut zusammen und lasst euch ein BFF-Tattoo stechen.

Wasserlösliche sind auch okay :)

20.

Ein Sonnenaufgang am Strand oder ein Sonnenuntergang in den Bergen ist nicht nur für Paare, sondern auch für Freundinnen herrlich schööön. Keine Sorge: Entspannt nach oben geht's mit der Gondel, z. B. auf die Zugspitze. Kleiner Tipp: Plant auch ein bisschen Zeit für Gastro & Wellness im nahegelegenen Hotel Post Lermoos (www.post-lermoos.at) ein, natürlich auch hier mit Zugspitzen-Blick.

21. LIFE IS A ROLLERCOASTER

Fahrt in einem Freizeitpark
(z. B. im Legoland, Europa Park, Skyline
Park, Phantasialand oder Heide Park)
mit so vielen Attraktionen wie möglich.

22.

Überrascht euch gegenseitig.

Kleine Geschenke erhalten
nämlich die Freundschaft.

23.

TEILT EUCH DEN

größten Eisbecher

AUF DER KARTE EURER LIEBLINGSEISDIELE. ☐

24. ☐

#DREAMTEAM

Bringt euch gegenseitig etwas bei.
Was habt ihr gelernt?

25. ☐

Zündet zusammen ein **Feuerwerk** an.

Alternativ sind auch Wunderkerzen erlaubt.

 **26.**

LASST AN EINEM
WINDIGEN TAG DEN
DRACHEN STEIGEN.

27. ☐

Gönnt euch gleichzeitig eine
Massage und schwärmt im
Anschluss von den wohltuenden
Ölen, Düften und
Wohlfühlmomenten.

28. Einen Jumbo-Cocktail und zwei Strohhalme, bitte.
Welcher Drink?
Das entscheidet ihr abwechselnd.

29. Chill-out-Modus

Lasst die Seele baumeln und hängt einfach
mal gemütlich in der XXL-Hängematte ab.

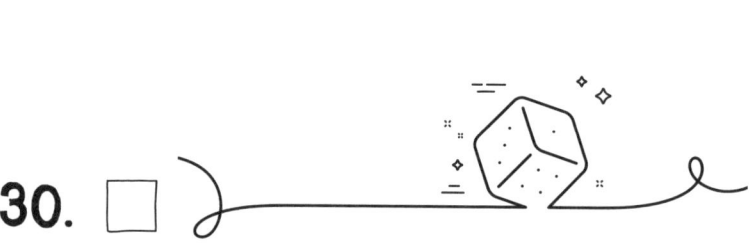

30. Schlechtes Wetter am Mädelstag? Kein Problem!
Stellt den Hugo oder Aperol kalt, bestellt etwas Leckeres und schon kann
der Spieleabend losgehen. Uno, Mühle, Kniffel oder Stadt-Land-Fluss (auch als
lustige Stadt-Land-Vollpfosten-Version erhältlich) funktionieren auch zu zweit.

31. ☐

SCHREIBT EURE INITIALEN IN DEN SAND,
MACHT EIN HERZCHEN DRUMHERUM
UND KNIPST SCHNELL EIN FOTO DAVON.

32.

Ohne Ziel und Plan
einfach mal drauf losfahren ...
Egal, ob mit dem Auto, der Bahn, dem Roller
oder dem Rad. Neugier ist der beste Treibstoff. ☐

Wo seid ihr gelandet?

....

....

Vielleicht ja im Hotel Blü in Bad
Hofgastein, wo das Motto „Alles kann,
nichts muss" zählt (www.hotelblue.at)?!

33. Taucht in die Welt der Drag-Kunst ein

und besucht eine Show mit einem Mix aus Drag, klassischer
Travestie, Comedy, Parodie, Tanz, Gesang, Varieté und Revue. ☐

34.

Mit einem Tandem fahren. Auch wenn Kommandos in einer Freundschaft nichts zu suchen haben, hier seid ihr beim Schalten, Fahren und Stoppen darauf angewiesen!

☐

35.

Digital Detox

Einen Tag lang ohne WhatsApp, SMS oder E-Mails. Dafür mit viel Klatschen und Tratschen mit den Freundinnen.

☐

☐ 36. Erzählt euch ein peinliches Erlebnis, von dem sonst niemand weiß.

37. SICH STREITEN UND WIEDER VERSÖHNEN ☐

38.

Sucht das Glück

und findet ein vierblättriges Kleeblatt. ☐

39. ☐

Nichts für Mädels? Von wegen! Schließlich muss der Ärger auch mal raus. Powert euch also beim Box-Training so richtig aus – natürlich ohne dabei K.O. zu gehen.
Let's Get Ready to Rumble!

40. ☐

Geht mit einem Hund aus dem Tierheim Gassi. Denn ca. 744 Vereine des Deutschen Tierschutzbundes freuen sich auf ehrenamtliche Helfer, die sich um die Fellnasen kümmern.

41.

Seid in eurer Lieblings-TV-Show zu Gast (Tickets gibt's i. d. R. für alle Sendungen mit Publikum zu kaufen, u. a. für GNTM, Schlag den Star, Joko & Klaas uvm.)

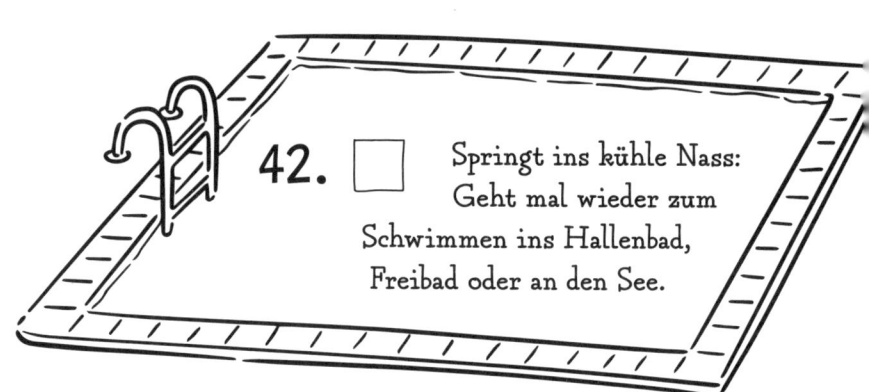

42. ☐

Springt ins kühle Nass:
Geht mal wieder zum
Schwimmen ins Hallenbad,
Freibad oder an den See.

43. ☐

VERTEIDIGUNGSMODUS AN:
NEHMT EINANDER IN SCHUTZ.

44. ☐

Baut eine riesige Sandburg mit Türmen, Mauern und Wassergräben oder buddelt einfach die Freundin im Sand ein (alles, außer den Kopf natürlich). Kindisch? *Hauptsache, ihr habt Spaß!*

45. ☐

STERNSCHNUPPEN BEOBACHTEN

und sich etwas wünschen.
Aber nicht verraten was, sonst
geht's nicht in Erfüllung! :)

46. Sich einfach mal in den Arm nehmen.
Awww ... schön, dass ihr euch gefunden habt. ☐

47.

Keep Smiling!

Bringt euch zum Lachen bis die
Bauchmuskeln schmerzen – vom Witze
erzählen über Grimassen schneiden bis hin
zum Lach-Yoga ist alles erlaubt.

☐

48. Wingwomen sein,

WENN MINDESTENS
EINE VON EUCH SINGLE IST. ☐

49.

Malt euch gegenseitig Figuren auf
den Rücken und ratet, was die jeweils
andere gezeichnet hat.

☐

50.

Entdeckt das Kind in euch
und spielt zusammen eine Runde im Bällebad.

51. Spielt Lotto oder Bingo

und teilt den Gewinn in aller Freundschaft.

52.

Leseratten unter sich

Schmökert im Lieblingsbuch der anderen.
Schnulze oder Psychothriller, das ist hier die Frage …

53.

Macht euch hübsch und besucht ein edles

STERNE- ODER HAUBEN-RESTAURANT.

Vielleicht führt euch die kulinarische Reise ins Atelier des Hotels *Panorama Royal* (www.panorama-royal.at), das den passenden Namen „Freund-Schafft" trägt?!

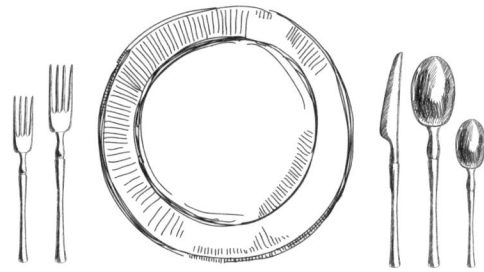

Und, wenn ihr schon mal hier seid, probiert auch gleich ...

54.

... den Freundinnen-Tag Deluxe in der *Relax Dream World* aus: Einen Tag im Spa mit Sauna (Hot und Bio, Sole und Kräuter, Infrarot), Dampfbad, Whirlpool, Peeling, Tee und Snacks.

55.

Oder darf es ein ganzer **Wellness-Kurztrip** sein? Hier bieten Hotels bereits tolle Freundinnen-Packages an – inkl. Yoga, Qi Gong und Meditation.

Eine Heißluftballonfahrt,

natürlich stilecht mit
Champagner im Picknickkorb.
Wenn schon, denn schon!
Wohin die Reise geht,
entscheidet der Wind.

56.

57.

MEDITIERT ZUSAMMEN WIE BUDDHA
und verabschiedet euch vom Alltagschaos.
Schon bei der Einführung in die japanische
Tradition vergesst ihr alles um euch herum
und findet euer inneres „Ooooom".

Ü30, Ü40 oder Ü50+?

FÜHLT EUCH WIE ZU EUREN TEENIE-ZEITEN, FEIERT DIE NACHT DURCH UND BESTELLT MORGENS UM 4 UHR AM IMBISSWAGEN EINE PORTION FETTIGER POMMES. **ABER:** PLANT DEN NÄCHSTEN TAG ZUM AUSRUHEN EIN, IHR SEID SCHLIEßLICH KEINE GEWOHNHEITSMÄßIGEN PARTY-PEOPLE MEHR.

☐

59.

IHR ERZÄHLT EUCH ALLES?
WIRKLICH? ALLES? ☐

Mal ehrlich, was habt ihr euch bisher verschwiegen? Falls ihr es nicht
direkt ausplaudern wollt oder könnt, nehmt euch ein Spiel zur Hilfe:
Z. B. *Sag mal ... Mädelsabend, Wahrheit oder Pflicht, Ich hab noch nie ...* usw.

60.

☐

Nachtbaden im See, Meer oder Planschbecken

61.

☐

Schickt eure Wünsche per Flaschenpost auf Reisen.

62. Es wird hyggelig!

BAUT AUS KISSEN UND DECKEN EINE HÖHLE.

63.

Balance halten auf der Slackline

64.

Schaut einem Küchenchef bei einem

KOCHKURS

über die Schulter in den Kochtopf.

☐

65. ☐

Bitte lächeln ...

... beim Fotoshooting: Knipst euch gegenseitig oder überlasst es einem Profi-Fotografen. Überlegt euch aber unbedingt vorher, wo eine schöne Location wäre und welches Outfit, Make-up und welche witzigen Accessoires ihr tragen wollt.

66.

Verkuppelt zwei eurer Single-Freundinnen. Essen, Spieleabend oder Barbesuch – wie wollt ihr es am cleversten anstellen, damit der Plan aufgeht?

☐

67.

Fahrt ans Meer

(„zur Not" auch an einen See).

☐

68.

AM 01.08. IST DER

NATiONAL GiRLFRiENDS DAY!

FEIERT JEDES JAHR DEN FREUNDINNEN-TAG.

☐

69.
Tiramisu, Pudding oder Törtchen?

Teilt euch ein Dessert
und somit die Kalorien.

☐

70.
POWDER-ALARM!

Zieht Schwünge oder übt Turns
beim Ski- oder Snowboardkurs,
damit ihr schon bald gemeinsam
die Piste hinunterbrettern könnt.

☐

71.
Macht ein Picknick

mit Decke, Snacks, Drinks und allem, was
dazugehört – geht übrigens auch indoor! ☺

☐

72.

STÖBERT DURCH DEN FUNDUS DES NÄCHSTEN KOSTÜMVERLEIHS,

SETZT MASKEN UND PERÜCKEN AUF UND PROBIERT LUSTIGE VERWANDLUNGEN AUS. NATÜRLICH WERDEN BEWEISFOTOS GEMACHT.

73.

Euch fehlt aktuell einfach die Zeit für ein langes Treffen?

Seht euch trotzdem. Und wenn's „nur" auf einen kurzen Kaffee ist. Der Tratsch mit der besten Freundin tut unglaublich gut und kann sich sogar wie ein Mini-Urlaub anfühlen.

74.

Startet ein gemeinsames Instagram-Profil und lasst die Welt an eurer Freundschaft teilhaben. Vielleicht winkt ja schon bald die erste Social-Media-Kooperation.

Los geht die Wandertour!

75.

Wenn ihr zusammen schweißgebadet
oben auf dem Gipfel angekommen
seid und euer Selfie schießt, werdet
ihr stolz und überglücklich sein.

☐

76.

Es gilt die 10-Sekunden-Regel. Denn alles, was ihr
heute erledigen wollt, schafft ihr in ein paar Sekunden
(Pizza bestellen, Nägel lackieren, Outfit auswählen)

und daher habt ihr umso mehr Zeit für Klatsch und Tratsch.

☐

77.

Gin ist längst wieder *in.* Testet ausgefallene
Kombinationen, lasst euch beim Tasting vom
Bartender beraten oder greift auf DIY-Sets
zurück. Bestens empfohlen wird u. a. das
prämierte Wacholderdestillat von *Tirolikum –
handcrafted by Thomas und Peter Kronbichler,*
die sich auf euren Besuch in der Brennwerkstatt
Walchsee in Tirol (www.tirolikum.at) freuen.

☐

Bringt Farbe in den Alltag.

Deckt euch mit Vlies, Malerkrepp und Pinseln ein und streicht erst die eine, dann die andere Wohnung. Für Innenräume gilt: Erst die Decke, dann die Wände – angefangen bei den Lichtquellen über die Ecken bis hin zur Wand.

79.

1			34		51			73	80
7		21		43			63	75	
	15		37		59	66			89

Knobelspaß

mit Sudoku, Kreuzwort- oder Schwedenrätsel

80.
Besichtigt einen Leuchtturm,

der einst den Seefahrern den Weg
durch raue Gewässer lotste.
Euer mühevoller Aufstieg wird mit
einem fantastischen Ausblick belohnt.

81.

Freizeitmesse, Süßwarenmesse,
Hochzeitsmesse, Jobmesse, Babymesse –
besorgt euch Eintrittskarten.

82.

Besucht oder findet eure

LIEBLINGSBAR.

83. Back to the Roots!

Erzählt euch von eurer Kindheit.
Seid ihr in der gleichen Gegend aufgewachsen,
besucht eure Lieblingsplätze von damals.

84.

Erobert die Baumriesen im Klettergarten oder Parkour und motiviert euch gegenseitig an den einzelnen Abschnitten. So helft ihr euch, die Angst zu überwinden, wenn ihr über Seile balanciert, Pfähle bezwingt oder euch an Netzen hochhangelt.

85.

DUELLIERT EUCH IM TISCHTENNIS, SQUASH ODER BADMINTON. ☐

86.

EUER LIEBLINGSAUTOR/EURE LIEBLINGSAUTORIN HAT EIN NEUES BUCH VERÖFFENTLICHT? SCHAUT, WANN DIE NÄCHSTE LESUNG IN EURER NÄHE STATTFINDET. ☐

87.

DEZENT ODER HERVORSTECHEND?
MACHT ZUSAMMEN EINEN

Make-up-Kurs.

88.

Beim Tatort wisst ihr immer, wer der Mörder ist?

Wie sieht's beim **KRIMIDINNER** aus?
Nehmt die Ermittlungen im Stil von
Miss Marple oder Enola Holmes auf
und befragt eure Verdächtigen.
Begleitet wird der Theaterabend
von einem feinen Gänge-Menü.

89.

ERZÄHLT EUCH VON EUREN GRÖSSTEN

Ängsten und sorgen.

☐

90.

IN 20 JAHREN GEHT'S ZURÜCK IN DIE ZUKUNFT,

wenn ihr die kleine Zeitkapsel-Kiste ausbuddelt.
Befüllt sie heute mit Dingen, die eure Freundschaft
symbolisieren und vergrabt sie an einem bestimmten Ort.

☐

91. SAMMELT MUSCHELN UND STEINE ODER
LASST SIE ÜBERS WASSER FLITSCHEN.

☐

92.

Wie kleine Kinder ...
Schaukeln, Wippen, Rutschen und Toben

☐

auf dem Abenteuerspielplatz.

93.

GEHT AUF EIN KONZERT

Wenn ihr euch nicht auf eine Lieblingsband einigen könnt, wählt einfach einen unbekannten Künstler.

☐

94.

Was haben Robbie Williams, Heidi Klum, Barack Obama und die Queen gemeinsam? Sie alle warten auf ein

Selfie

mit euch, nämlich im Wachsfigurenkabinett (www.madametussauds.com).

☐

95.

HÜPFT *Hand in Hand* UND QUIETSCHEND DURCHS KÜHLE NASS DER RASENSPRINKLERANLAGE IM STADTPARK ODER AUF EINEM ÖFFENTLICHEN SPORTPLATZ.

96. WAGT NEUES

Macht etwas zusammen,
das ihr noch nie getan habt.

☐

97. GEHT AUF SEGWAY-TOUR ☐

Mit einfachen Gewichtsverlagerungen steht dem elektrischen Fahrspaß nichts im Wege. Einfach nach vorn lehnen und los geht's durch die Stadt oder die Natur.

98. Yacht, Schiff, Kanu ☐

oder doch lieber im Tretboot zwischen quakenden Enten und schnatternden Gänsen treiben lassen?

99.

Pustet zusammen eine Wimper
vom Finger und wünscht euch was.

☐

WAS IST EUER GEMEINSAMES HOBBY?

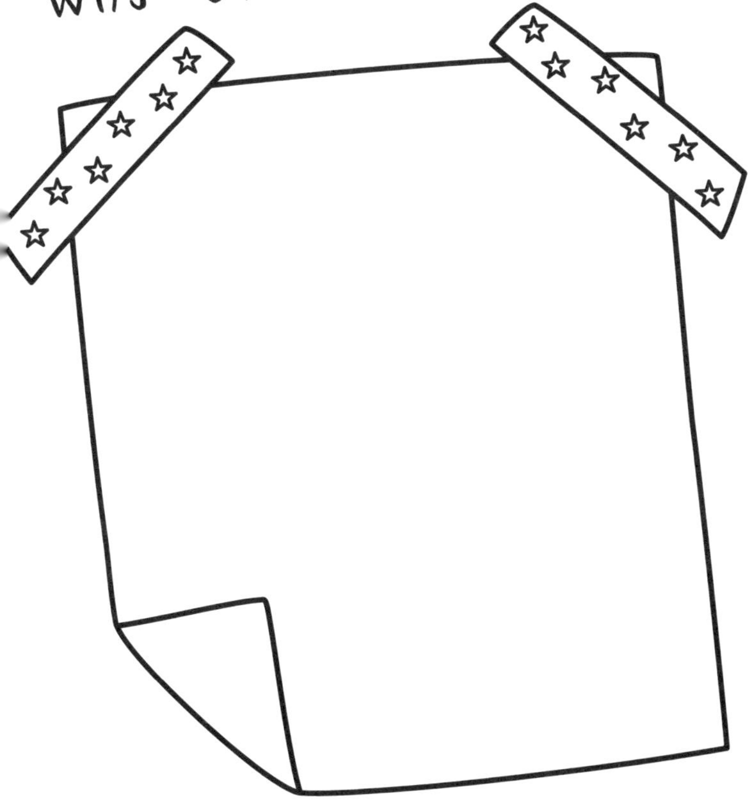

Ihr habt keines?
Dann wird's
höchste Zeit!

☐

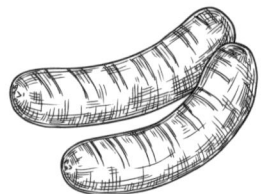

101.
SCHMEISST DEN GRILL AN

(auch wenn's „nur" der Tischgrill ist)
und brutzelt Würstchen, Gemüse oder Käse.
Oder macht gleich eine Motto-Party daraus und
dekoriert die Terrasse, den Balkon und euch selbst.
Dass gemütliches Grillen auch bei Minusgraden
funktioniert, ist inzwischen übrigens bestätigt.

102.

Waldbaden

baut Stress ab: Geht in den
Wald und umarmt einen Baum.

☐

103.

Naturidyll und
Ruheoase zugleich:

BESUCHT EINEN BOTANISCHEN GARTEN.

☐

104.

Besichtigt ein

Schloss

oder eine

BURG.

☐

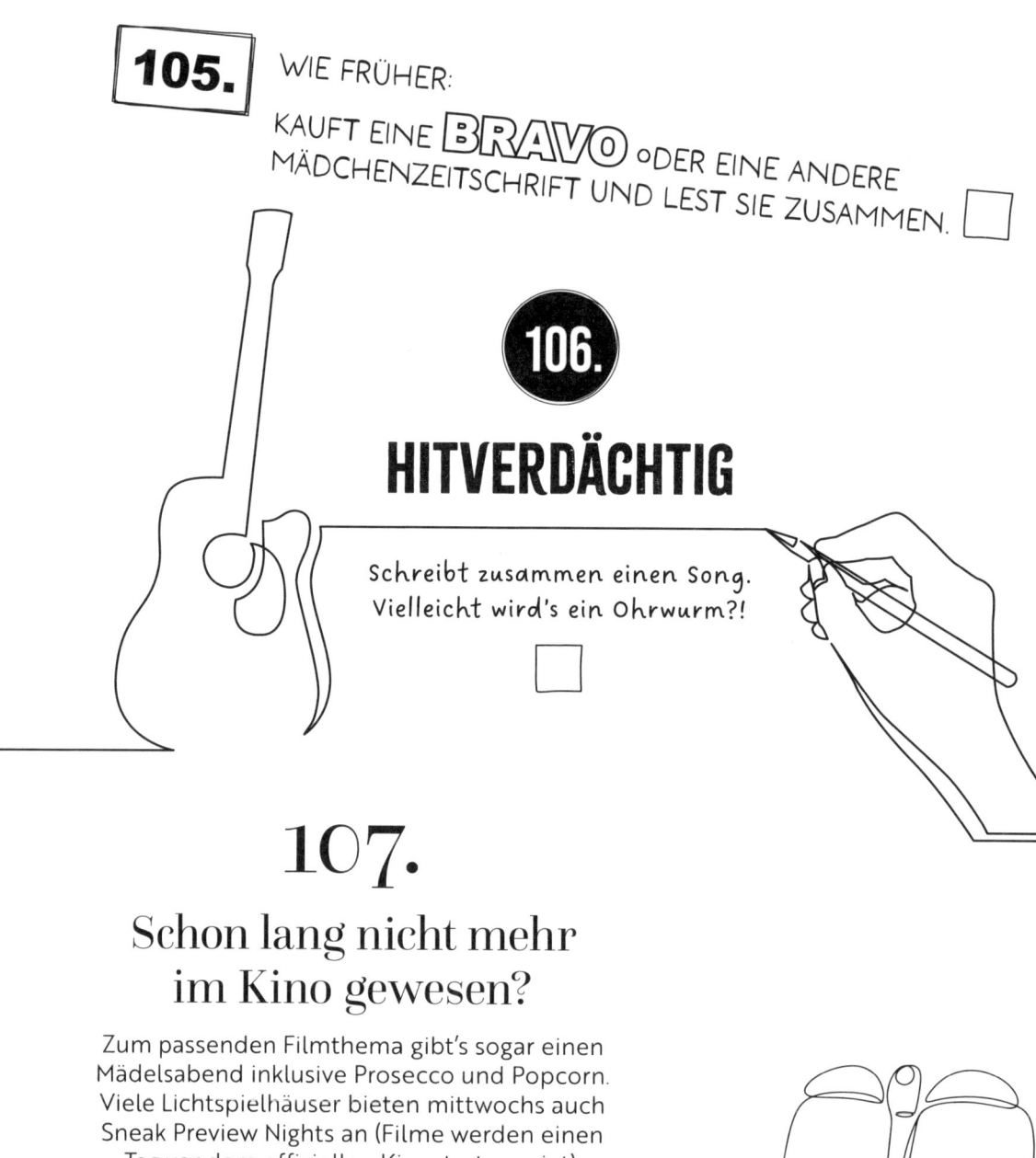

105. WIE FRÜHER:

KAUFT EINE **BRAVO** ODER EINE ANDERE MÄDCHENZEITSCHRIFT UND LEST SIE ZUSAMMEN. ☐

106.

HITVERDÄCHTIG

Schreibt zusammen einen Song. Vielleicht wird's ein Ohrwurm?!

☐

107.

Schon lang nicht mehr im Kino gewesen?

Zum passenden Filmthema gibt's sogar einen Mädelsabend inklusive Prosecco und Popcorn. Viele Lichtspielhäuser bieten mittwochs auch Sneak Preview Nights an (Filme werden einen Tag vor dem offiziellen Kinostart gezeigt).

☐

108.

Auch wenn man kein Messie ist, fällt das *Ausmisten* manchmal gar nicht so leicht. Zu zweit klappt es gleich viel besser. Also Schubladen auf und weg mit der Zettelwirtschaft oder raus mit dem Kram aus dem Keller.

109.

Übernachtet im Baumhaus

Zum Beispiel im Hofgut Hafnerleiten (www.hofgut.info). Ohne Handynetz, dafür mit viel Ruhe und kulinarischem Genuss von Küchenchef Erwin Rückerl.

Kleiner Tipp: Aperitif am Feuerring und Pasta aus dem flambierten Parmesanlaib.

110.

Blick nach oben

Findet Figuren, Buchstaben oder Symbole in den treibenden Wolken.
Pareidolie nennt sich die Fehlinterpretationen unseres Gehirns,
die aber so schön sein kann.

111.

Sie fördern die Durchblutung und Entspannen:

Kopfmassagen

sind eine echte Wohltat für Haar und Kopfhaut.
Verpasst euch gegenseitig ein Wellness-Treatment.

112.

Lasst die Federn bei der **Kissenschlacht**
fliegen und schüttelt die Decken, bis es schneit wie bei Frau Holle.

113.
BEFRAGT
DIE STERNE

UND LEST EUCH GEGENSEITIG
EUER HOROSKOP VOR.

114. Schießt euch beim Paintball ab.

115.

Die Umwelt geht uns alle an und gemeinsam seid ihr unschlagbar!
Schnappt euch die Greifzange und sammelt zusammen Plastikmüll
im Wald, am See oder Fluss und leistet damit einen Beitrag für den
Umweltschutz.

116.

TRAUT IHR EUCH EINEN

FALLSCHIRMSPRUNG

ZU MACHEN?

117. STRIKE

statt Streit auf der Bowlingbahn?

118.

HR SEID FIT?

Dann lauft einen Marathon.
Alternativ geht auch der
gemütliche Start eines
Filmmarathons. 😄

119.

Beauty-Tag mit der besten Freundin

Vom Kopf (Gesichtsmaske) bis zu den Zehenspitzen (Fußbad).
Fotos nicht vergessen, wenn ihr mit eurer Peel-off-Maske chillt.

☐

120.

DEN INNEREN SCHWEINEHUND BEKÄMPFEN

bei der gemeinsamen Joggingrunde.
Sucht euch eine schöne Strecke aus, das macht den Kopf frei. ☐

121.

SCHWINGT DAS TANZBEIN!

In Kursen warten u. a. Cha-Cha-Cha,
Salsa und Discofox auf euch. Ja, das sind
Paartänze. Meldet euch als Single-Damen an
oder schlüpft einfach abwechselnd
in die Herrenrolle und lernt zu führen.

☐

122.
Ein Tag im Park

☐

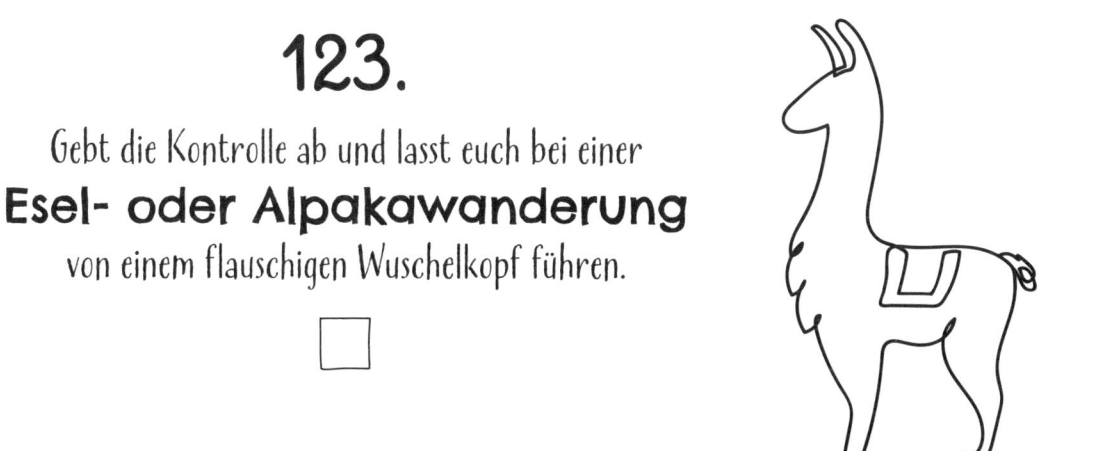

Legt euch auf die Wiese, spielt Frisbee oder genießt
das eine oder andere Gläschen.

123.

Gebt die Kontrolle ab und lasst euch bei einer
Esel- oder Alpakawanderung
von einem flauschigen Wuschelkopf führen.

☐

124.
STADTBRUNNEN IN

statt Trevi-Brunnen in Rom:
Werft mit der rechten Hand eine Münze über die
Schulter ins Wasser und wünscht euch was.

125.
Schickt eure gelesenen Bücher auf Reisen.

Klickt auf www.bookcrossing.com, stattet den Titel mit
einer ID aus, lasst das Buch „frei" und verfolgt, wie es durch
132 mögliche Länder reist. Denn auch das „Einfangen" wird
vermerkt und regt inzwischen 1.986.456 *BookCrossern* zum
virtuellen Austausch über 14.351.025 registrierte Bücher an.

126.

Fotografiert euch einmal im Jahr in immer derselben Position und fügt nach zehn Jahren alle Bilder zu einer Collage zusammen.

☐

127. **NACHTWANDERUNG MIT FACKELN.**
ALTERNATIV TUT'S AUCH EINE TASCHENLAMPE.

☐

128.

Shake it

beim Cocktailworkshop oder holt euch die verschiedenen Zutaten nach Hause und mixt selbst. Es gibt übrigens bestimmte Läden (u. a. *vom Fass*, www.vomfass.de), in denen ihr kleine Mengen diverser Spirituosen abfüllen könnt. So müsst ihr für eine große Getränkevielfalt nicht gleich eine ganze Flasche kaufen.

☐

129.
Schläger schwingen
☐ *beim Minigolf*

Oder direkt auf dem Golfplatz wie die Profis?
In der Sportresidenz Zillertal (www.sportresidenz.at)
mit hauseigenem *18-Hole Championship Course*
gibt's die Kennenlernstunde z. B. für 20 Euro.
Und danach geht's einfach direkt zur Entspannung
in den Saunabereich des 4-Sterne-Hotels. ☺

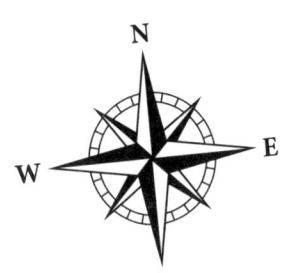

130.
GEOCACHING ☐
ALS ABENTEUERLICHE SCHNITZELJAGD

131.

Mit dem Jetski, Kite oder Flyingboard
über die Wellen brettern.

☐

132.

Kleiner Wunscherfüller

Du weißt, dass deine beste Freundin
seit einer halben Ewigkeit diesen einen
Herzenswunsch hat? Erfülle ihn ihr.

133.
Pflückt einen Blumenstrauß.

Der ist nämlich viel schöner als
einer aus dem Blumengeschäft.

134.

Einfach mal in die Luft hüpfen
und Purzelbäume schlagen

auf dem Trampolin in Nachbars Garten oder in der Sporthalle.
Dabei baut ihr nicht nur Stress ab, sondern versorgt euren
Körper mit dem Glückshormon Serotonin.

Gute-Laune-Garantie!

135. Völlig losgelöst beim Floating

136.
SCHNAPPT FRISCHE LUFT IM PARK UND „SAMMELT" SCHRITTE.

10.000 sind pro Tag empfohlen. Über 50 Millionen gehen wir übrigens in unserem Leben. Damit könnte man einmal um den Erdball laufen!

Wie viele Schritte seid ihr schon gemeinsam gegangen?

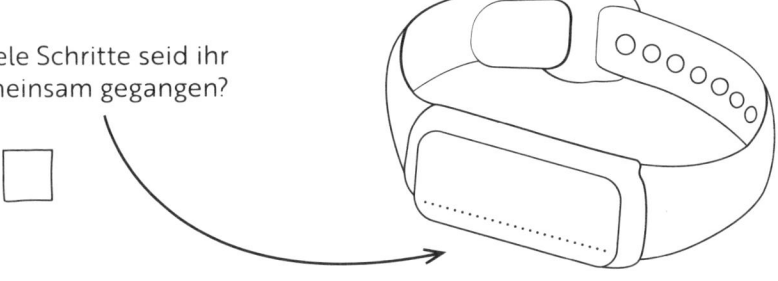

137.
VOLLEYBALL, TENNIS, HANDBALL ...

Geht zusammen zu einem Heimspiel und feuert eure Lieblingsmannschaft an. Und wer weiß, welcher gutaussehende Sportler sein Shirt auszieht?

138.

Setzt euch in ein Café und denkt euch
verrückte Geschichten
über die anderen Gäste aus.
Ist der alte Herr ein Millionär?
Versteckt sich hinter der großen Sonnenbrille
der Businessfrau etwa eine berühmte
Schauspielerin? Oder streitet sich das junge
Paar am Nebentisch über das Hochzeitsdatum?

139.

Hopfen und Malz ...

... bei einer Bierprobe.
Verkostet Pils, Craft Beer,
Kölsch oder Weizenbier.
Prost!

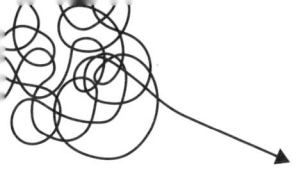

140.

FINDET IM MAIS-, FELSEN- ODER SONNENBLUMENLABYRINTH DEN AUSGANG.

Wie lang habt ihr gebraucht?

_____

Eine Irrgarten-Liste gibt's unter www.begehbare-labyrinthe.de.

☐

141.

Paddelt um die Wette,

wenn ihr euch auf dem SUP-Board halten könnt. Wer geht zuerst baden?

☐

142.

Lasst einen Marienkäfer als Glücksbringer über eure Finger laufen.

☐

143.

Gleitet beim Flying Fox an der Zipline rasant durch die Luft!

Das leicht mulmige Gefühl beim Anlegen der Ausrüstung ist normal und vergeht so schnell, wie's gekommen ist.

☐

144.

PUMUCKL

Benjamin Blümchen

PAPA SCHLUMPF

PETER PAN

WER WAR DER HELD EURER KINDHEIT UND WARUM?

☐

145.

BESTELLT IM RESTAURANT EIN
GERICHT FÜR DIE ANDERE.

☐

146.

Trödelt euch glücklich auf dem Flohmarkt.

Verkauft ihr selbst oder wird lieber gestöbert? Inzwischen
werden auch Specials wie Hofflohmärkte, Nachtflohmärkte,
Second-Season-Flohmärkte uvm. veranstaltet.

☐

147.

Lasst eine Karikatur von euch zeichnen.

☐

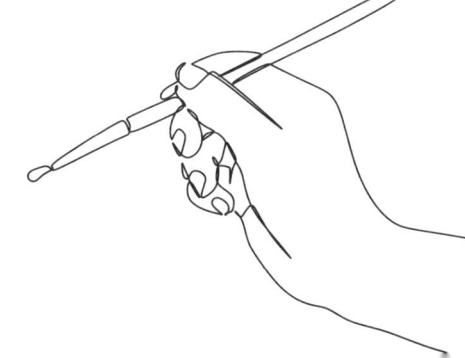

148.

Eigentlich ist es doch egal,
was ihr macht. Hauptsache,
ihr seid zusammen unterwegs.
Lasst euch treiben.

149.

ÜBERLEGT EUCH EINEN PASSENDEN NAMEN,
DER FÜR EURE FREUNDSCHAFT STEHT UND

TAUFT DAMIT EINEN STERN.

150.
Besucht Nemo und seine Freunde

Mandarin- oder Kugelfisch,
Seepferdchen, Schildkröte, Seestern
und weitere Meeresbewohner im
größten Aquarium *SEA LIFE*
(www.visitsealife.com).
Traut ihr euch, ein echtes Hai-Ei in
die Hand zu nehmen? Dann auf
zum Berührungsbecken.

151.

AUF DIE KOCHLÖFFEL,
FERTIG, LOS!

Fordert euch zu einem Küchenduell
heraus. Wer die „Chef de Cuisine" ist,
darf am Ende eure Clique entscheiden.

152.
Plitsch, platsch!

Dass Pfützen nicht nur auf Kinder eine magische Anziehungskraft haben, werdet ihr feststellen, sobald ihr mit Gummistiefeln in den Matsch springt.

☐

153.
#LOSTPLACES ☐

Erkundet verlassene Orte wie alte Burgen oder leerstehende Häuser, die von der Natur Stück für Stück zurückerobert werden.

154.

Bastelt mit den witzigsten Bildern von euch eine Fotokugel.

So geht's: Stellt zwei Fotos auf die Innenseite eines leeren Marmeladenglasdeckels und klebt sie unten fest. Gebt Kunstschnee ins Glas und füllt es mit destilliertem Wasser. Ein Tropfen Spülmittel verhindert, dass der Schnee verklumpt. Schraubt den Deckel zu und schüttelt das Glas, bis der Schnee um eure Bilder tanzt.

155.

SCHNAPPT EUCH DEN QUEUE

in der Spielhalle und lasst die Bälle über den Billardtisch rollen. Wer von euch zuerst alle Kugeln versenkt, lädt die Verliererin auf eine Partie Tischkicker oder Darts ein.

156.

MÄDELS-TV-ABEND IST ANGESAGT!

Guckt die aktuelle Reality-TV-Dating-Show und tauscht euch über die Kandidaten aus. Wer passt zu wem und wer geht gar nicht?

157.

LERNT EIN INSTRUMENT ZU SPIELEN UND MUSIZIERT GEMEINSAM.

158.
Kein Budget für eine Weltreise?

Schickt eure Gedanken
weit in die Ferne.

159.

Pilgert auf dem Jakobsweg.

Ja, das ist ein großes und
anstrengendes Vorhaben, das viel Zeit
(die etwas mehr als 800 Kilometer
schafft ihr in ca. sechs Wochen)
und Training erfordert.

160.

Prosecco, Sekt oder Champagner –

SIE ALLE PRICKELN.
ERKENNT DEN FEINEN UNTERSCHIED
ZWISCHEN DEN GROSSEN WELTMARKEN ZU
DEN CUVÉES VON KLEINEN WINZERN BEI
EINER CHAMPAGNER-DEGUSTATION.

☐

161.

Tauscht für ein Wochenende eure Wohnungen und lebt in den vier Wänden der Freundin.

Wie fühlt sich das an?

☐

162.

Die Themen gehen euch nie aus und ihr könnt stundenlang quatschen?

DANN STARTET EINEN PODCAST.

☐

163.
BODYFLYING

Überwindet die Schwerkraft im Windtunnel. Für den Boost mit ca. 180 km/h in 15 Metern Höhe sorgen vier Ventilatoren, die den freien Fall imitieren. Ihr betretet den Windkanal zwar nacheinander, könnt aber aufgrund der Glaswand die Flugkünste der anderen beobachten und mit dem Handy festhalten.

☐

164.

Wenn die Freundin von der Brücke springt, springst du auch? Zumindest beim Bungee-Jumping ist das so.

3, 2, 1 ... STÜRZT EUCH GEMEINSAM MIT EINEM LAUTEN SCHREI IN DIE TIEFE.

165.

Knüpft (wie früher)

Freundschaftsarmbänder

füreinander.

Sie haben eine lange Tradition, die nicht nur für Kinder eine tolle Art sind, um ihre Verbundenheit zu zeigen.

166.
Very british

Genehmigt euch einen
Afternoon Tea. Dazu gibt's
Sandwiches mit Gurke und Kresse
oder Scones mit Marmelade.

☐

167.

Barcelona, Wien, Rom oder Lissabon?

Plant euren nächsten Städtetrip.
Das gibt der Geldbeutel nicht her?
Ein Tagesausflug in eine große deutsche Stadt
(Köln, München, Hamburg, Berlin)
kann auch superschön sein.

☐

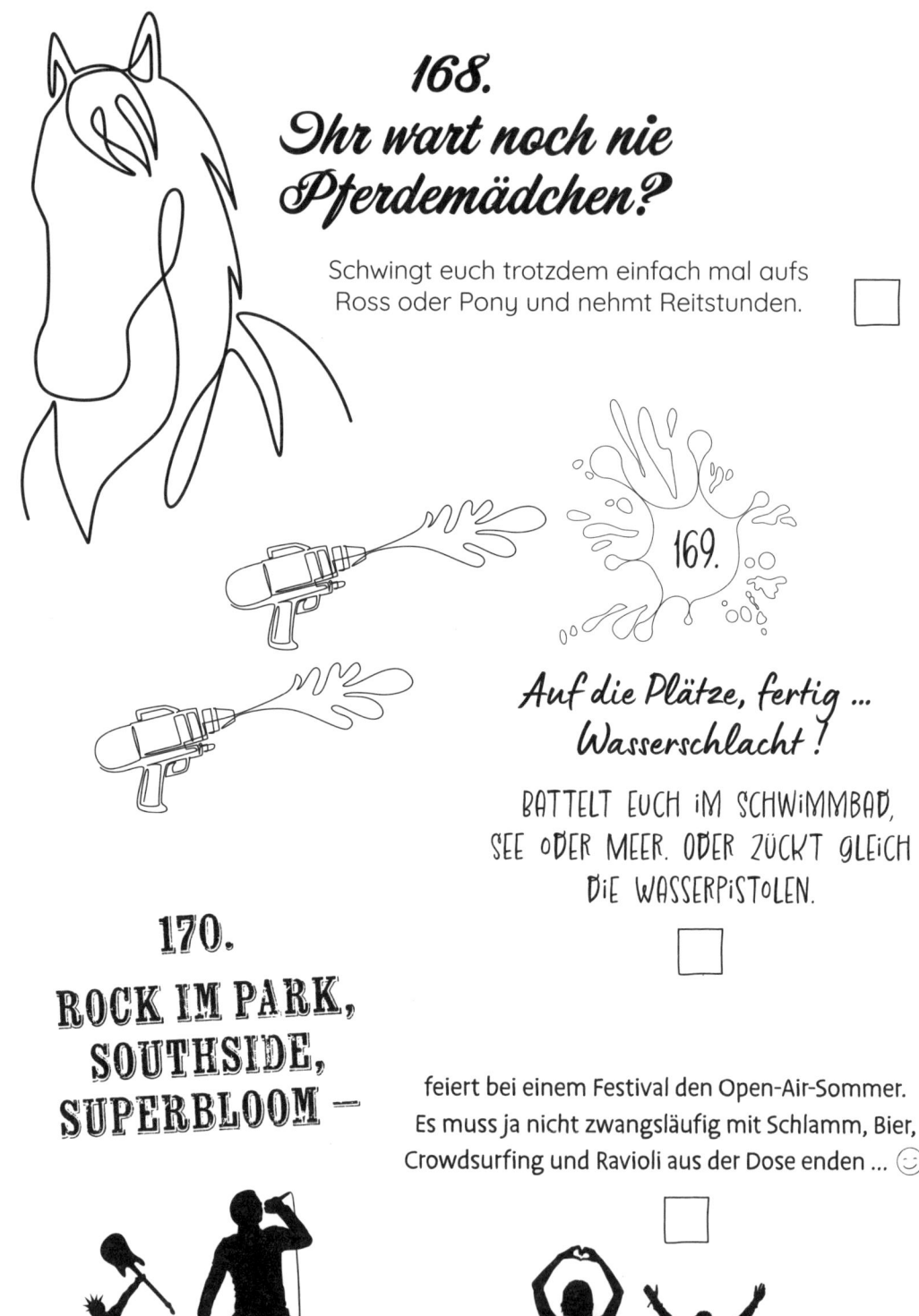

168.
Ihr wart noch nie Pferdemädchen?

Schwingt euch trotzdem einfach mal aufs Ross oder Pony und nehmt Reitstunden.

169.

Auf die Plätze, fertig ... Wasserschlacht!

BATTELT EUCH IM SCHWIMMBAD, SEE ODER MEER. ODER ZÜCKT GLEICH DIE WASSERPISTOLEN.

170.
ROCK IM PARK, SOUTHSIDE, SUPERBLOOM –

feiert bei einem Festival den Open-Air-Sommer. Es muss ja nicht zwangsläufig mit Schlamm, Bier, Crowdsurfing und Ravioli aus der Dose enden ... ☺

171.
Wildwasser pur!

Bei der Rafting-Tour ist
Teamgeist gefragt.

☐

172.
STARTET EIN
WETTRENNEN.

☐

173.
ZUSAMMEN EIN
Weltwunder
ANSCHAUEN,

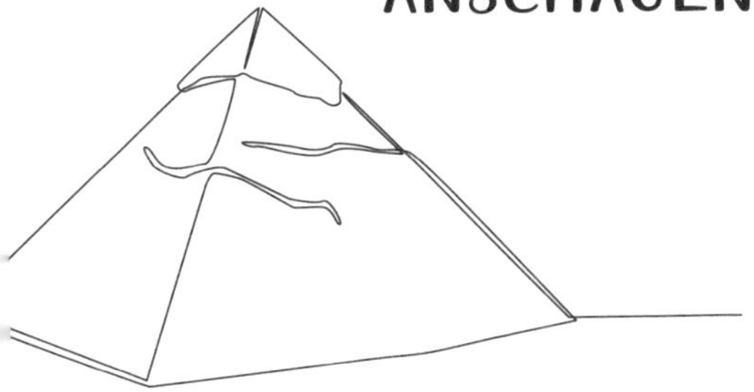

oder zwei, oder drei ...
Wo zieht's euch hin? →

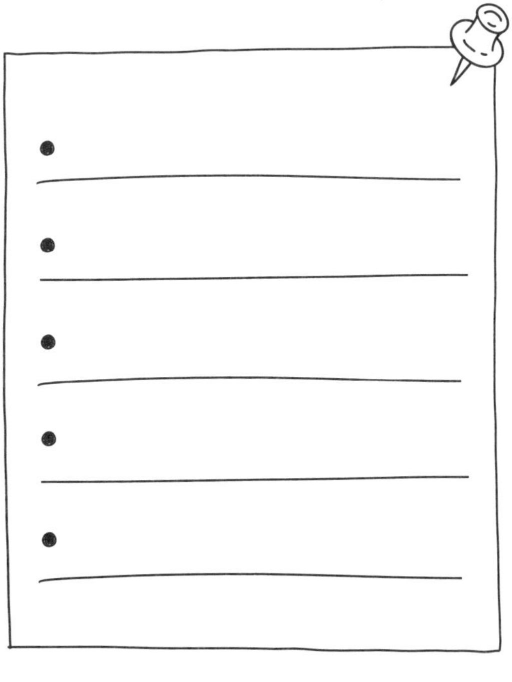

☐

-
-
-
-
-

174.

Bewundert das farbige Wechselspiel der
POLARLICHTER.

In Norwegen, Schweden, Finnland, Schottland, Island,
Kanada, Alaska und Neuseeland sind die leuchtenden
Schleier DIE Attraktion, aber auch in Deutschland zeigen
sich jährlich vier- bis achtmal die tanzenden Himmelslichter.

☐

175.

Deine Freundin hat einen Termin, vor dem sie echt

Bammel hat?

Beim Zahnarzt, Steuerberater, mit dem Ex oder zum kleinen, ambulanten Eingriff? Biete ihr deine Begleitung an. Vielleicht traut sie sich nur nicht, direkt zu fragen, freut sich aber über deine seelische Unterstützung.

176.

Eure Familien

kennen sich gut oder vielleicht auch noch gar nicht?
Bringt alle zusammen an einen Tisch und kocht gemeinsam.

177.

Kämmt und flechtet euch gegenseitig die Haare.

178.

In die Pedale treten bei einer

Fahrradtour

☐

179.

Pinguine, Elefanten oder Affen?

Wo zieht's euch im Tierpark zuerst hin?
Plant auf jeden Fall auch etwas Zeit
für den Streichelzoo ein.

☐

180.

Der süße Duft der Freundschaft

RIECHT NACH ..., JA ..., WIE EIGENTLICH?
GEHT ZUM PARFÜMEUR UND LASST
EUCH EINE GEMEINSAME KOPF-
UND HERZNOTE KREIEREN.

Alles hört auf mein

KOMMANDO!

181.

Einen kompletten Tag lang wird nur das gemacht, was die Freundin möchte, und beim nächsten Treffen dreht ihr den Spieß um.

182.
Hinterlasst frische Spuren

im Schnee oder Sand und stapft in eurem ganz eigenen
Tempo durch das weiße Pulver in Richtung Almhütte
zum Glühwein oder an die Strandbar zum Cocktail.

☐

183.
PROBIERT WÄHREND EINER
Weinwanderung
FEINE TROPFEN.

Denn beim Schlendern zwischen den Reben,
darf ein kleiner Stopp in der Weinstube nicht fehlen.
Allein in Bayern wartet z. B. das kleinste Weinbaugebiet
Bayerns mit 20 Winzern darauf, entdeckt zu werden.

☐

friends FOREVER

184.

Seid füreinander da.

185.
Traut ihr euch?

Schleicht euch auf eine fremde
Hochzeit oder Geburtstagsparty
und feiert so, als würdet ihr das
Brautpaar bzw. die Person kennen.

186.
TRAGT EUCH ABWECHSELND
HUCKEPACK DURCH DIE GEGEND.

187.
Winterlicher Flow

Schlittschuhe an, denn die Eishalle
freut sich auf euch. Ein besonders
rutschiges Vergnügen erwartet euch
beim Eisstockschießen.

188.

WENN DIE WELT MORGEN UNTERGEHT, WAS WÜRDET IHR HEUTE TUN?

Mamma Mia!

im Deutschen Theater (www.deutsches-theater.de), *Die Eiskönigin* am Stage Apollo Theater (www.stage-entertainment.de), *Elisabeth* auf Schloss Schönbrunn (www.schoenbrunn.at), *Ludwig meets … on Tour* (www.kk-music.net), *Sister Act* im Theater am Potsdamer Platz (www.tapp.berlin) – es gibt so viele tolle Musicals, besucht eines davon.

190.

Together

MACHT ETWAS, VON DEM IHR DENKT,
DASS DIE WELT DADURCH
EIN BISSCHEN BESSER WIRD.

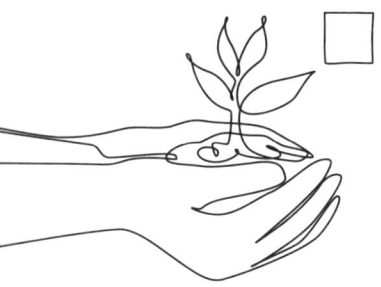

191.

WERFT EINANDER M&M'S,
POPCORN ODER GUMMIBÄRCHEN
IN DEN MUND. ABER: AUS
MINDESTENS 1,5 METERN
ENTFERNUNG.

192. Macht einen Barista-Kurs.

Ob Kaffee, Cappuccino oder
Latte Macchiato – das koffeinhaltige
Heißgetränk ist für viele die Rettung
am frühen Morgen. Auch für euch?

193.

Tatsächlich geht es beim *Bouldern* nicht um Kraft. Testet es.

□

194. Lernt Jonglieren – mit Bällen, Orangen oder Tomaten.

□

195.

Heute wird ohne Hände gegessen!

□

196.
Sommer, Sonne, Strand und Meer

Werft euch in die Wellen. ☐

197.

BAUT EINEN SCHNEEMANN.
IM SOMMER EINEN SANDMANN.

☐

198.

Bastelt euer eigenes

MEMORY= KARTENSET

mit früheren und aktuellen
Fotos von euch.

199.

Auf geht's zur Rodelbahn für eine Schlittenfahrt!

Nur Winterspaß? Dann testet doch mal die
Sommerrodelbahn. Der Vorteil: Ihr bekommt
keine kalten Hände und nassen Füße.

200.

Schaut euch einen *Schwarz-Weiß-Film*
aus der Zeit an, als Oma noch jung war.

201.

Helft bei der Holunderernte mit

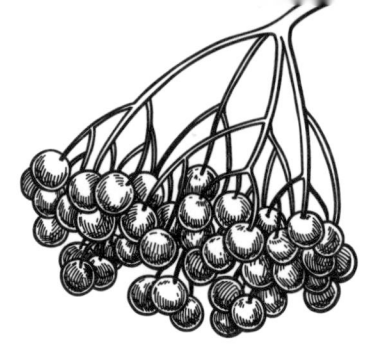

und besucht die irisch-keltische Lichtgöttin Brigid.
Der Legende nach ist sie in der Nacht zur
Sommersonnenwende von einem Holunderbusch aus,
z. B. von den Hollerhöfen in der Oberpfalz
(www.hollerhoefe.de), zu sehen.

☐

202.

Probiert euch beim

WOCHEN- ODER BAUERNMARKT

durch die Angebote der Standbetreiber und lasst
euch von den Landwirten alles über die Herkunft der
Produkte erzählen. So habt ihr frische Lebensmittel
und unterstützt gleichzeitig regionale Bauern.

☐

203.

bedeutet: endlich Feierabend.

Ganz egal, ob ihr mit dem Begriff einen
Drink verbindet, eine Party daraus macht
oder euch im Fitnessstudio auspowert.

204.

Entdeckt den Lauf der Planeten,

die wechselnden Sternbilder und den
Aufbau der Galaxien im Planetarium.

☐

205.

Geteiltes Leid, ...

Helft euch gegenseitig bei
der Steuererklärung. Dinge
gemeinsam zu erledigen,
auf die ihr nicht so wirklich
Lust habt, die aber trotzdem
gemacht werden müssen –
das schweißt zusammen!

☐

206.

LEGT EINEN

SERIENMARATHON

EIN UND SUCHTET EUCH DURCH EURE
LIEBLINGSFOLGEN ODER BEGINNT
EINE NEUE SERIE ZU STREAMEN.

207. Pustespaß mit Seifenblasen

208.

Die ganze
Affenbande brüllt:

Knackt eine Kokosnuss.

209.

Taucht eure rechten Hände in Farbe
und hinterlasst einen Abdruck.

210.
BIS DIE OHREN GLÜHEN

Plant Zeit für ein Telefonat ein oder skypt miteinander. Daraus lässt sich auch wunderbar ein digitaler Weinabend machen, an dem jede anschließend einfach in ihr eigenes Bett plumpsen kann. ☺

211. Rollt zusammen einen Hügel hinunter.

212.
Zu alt für eine Übernachtungsparty?

Nö! Packt eure Pyjamas ein, guckt euren Lieblingsfilm und quasselt bis in die frühen Morgenstunden.

213.

Querbeet

Ob Urban Gardening in der Stadt, im eigenen Garten oder im
Blumenkasten auf der Fensterbank – legt ein Gemüsebeet an.
Tipps hierzu bekommt ihr in Workshops und bei Kräuterwanderungen,
u. a. von Ebner's Waldhof, wenn ihr dessen Kräuterküche besucht.
Auch als Badezusatz oder Saunaaufguss begegnen euch die Pflanzen
im Freundinnen-Paket mit Prosecco und Spa-Erlebnis im 4.000 m²
großen Wellnessbereich (www.ebners-waldhof.at).

214.

Maniküre

Lackiert euch gegenseitig die Nägel.
Das Ergebnis ist meist noch perfekter
und hat den schönen Nebeneffekt,
dass ihr Zeit zum Quatschen habt.

215.
INS AUTOHAUS GEHEN,
ein Cabrio leihen und damit Cruisen ist ein Männerding? Sagt wer?! Kopftuch umgebunden, Musik an und ab geht die Fahrt.

☐

216.

🔒 *****

Denkt euch ein **CODEWORT** aus, dessen Bedeutung nur ihr beiden kennt.

☐

217.

Wickelt euch in Toilettenpapier ein und werdet zu Mumien.

☐

218.

Sammelt *Familienrezepte,* die ihr mit der Zeit alle nachkocht.

☐

219.

Celebration

Wir feiern unsere Freundschaft am _____ . _____ ,

weil _____

_____ .

Und das machen wir traditionell jedes Jahr:

_____

_____ .

☐

220.
BARFUSS

durch den Sand oder durchs Gras laufen.
Das ist nicht nur befreiend, sondern
auch eine natürliche und effektive
Fußreflexzonen-Massage.

221.
Ladies Night

MACHT EUCH SCHICK UND
VERSUCHT EUER GLÜCK IM CASINO.

RIEN NE VA PLUS!

222.
Löst den kniffligen
ZAUBERWÜRFEL.

Dreht abwechselnd Farbe für Farbe und freut euch am
Ende über den gemeinsam enträtselten Rubik's Cube.

223.

Hach,
einmal Burgfräulein
oder Prinzessin sein!

Besucht ein mittelalterliches Ritterturnier und feuert
die Reiter bei den Wettkämpfen an –
beispielsweise auf der Burg Satzvey
(www.burgsatzvey.de).

224.

In den Schnee legen,

Arme und Beine
ausbreiten und einen
Engel formen. Klappt
auch im Sand am Strand.

225.

Der Klassiker für einen
Freundinnentag:

Shoppen!

Stöbert in den Stores, probiert schräge Jacken an, setzt zu
große Herzchen-Sonnenbrillen und Hüte auf, macht Fotos
und findet Schnäppchen. Falls ihr das Shopping-Center
nebenan schon auswendig kennt, sucht nach einem Outlet-
Center in der Nähe. Oder verbindet euren Besuch mit einem
Fashion-Workshop inkl. Häppchen, Prosecco und Rabatt,
z. B. bei *erlebe wigner!* (www.erlebe-wigner.de).

226.

RUTSCHEN, SPRINGEN, ABSEILEN, SCHWIMMEN

Beim Canyoning geht's immer dem Fluss entlang: über Felsblöcke, Baumstämme und reißende Gebirgsbäche in tiefe Schluchten hinein.

227.

Dreht die Musik voll auf,

singt lauthals mit und tanzt durchs Wohnzimmer. Wer gewinnt das Dance Battle? Ihr könnt auch direkt bei einem Radiosender anrufen und euch einen Song wünschen.

228.

Hier trifft man teils echt schräge Leute: Geht zum

Speed Dating

und tauscht euch danach über die Teilnehmer aus. War Boyfriend-Potenzial dabei? Dazu müsst ihr nicht zwangsläufig Single sein, wenn es just for fun ist. Allerdings solltet ihr euren Gesprächspartner davor mit einweihen.

229.

SCHENKT EUCH GEGENSEITIG EINEN SELBSTGEMACHTEN

Adventskalender.

Schließlich ist man nie zu alt, um jeden Tag ein Türchen zu öffnen.
Oder stellt gemeinsam einen Kalender zusammen: Die geraden Zahlen
füllt die eine, die ungeraden Zahlen übernimmt die andere – am Ende
warten 24 Tage mit gemeinsamen Aktivitäten auf euch.

230

Ein bisschen Kultur darf sein

Plant einen Museumsbesuch.
Kann ja auch das Dackelmuseum, das Bratwurstmuseum oder das Comic-Museum sein. ☺
Schon gewusst: Viele Museen bieten sonntags den Eintritt zum reduzierten Preis an,
z. B. erhält man in München für 1 Euro Zutritt zu einigen Museen.

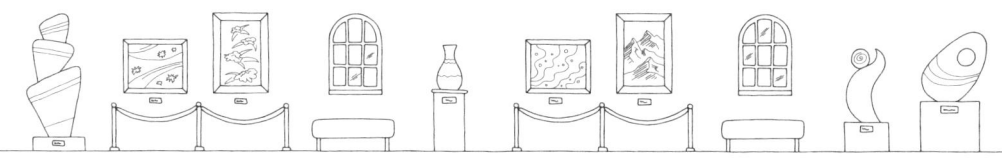

231.

MANEGE FREI

für den Besuch im Zirkus. Schon 1991 hat
Roncalli (www.roncalli.de) seine Wildtiere aus
dem Programm verbannt, seit 2018 herrscht
hier komplett tierfreie Zone. Und auch der
Cirque du Soleil (www.cirquedusoleil.com)
setzt auf großartige artistische Leistungen.

232.

Stöbert in einem Möbelgeschäft

und richtet euch eine Fantasie-WG ein.

☐

233.

Geht noch einen Schritt weiter:

Überlegt euch, wie eure Seniorinnen-WG später aussehen könnte und stellt euch vor, wie es sein würde.

☐

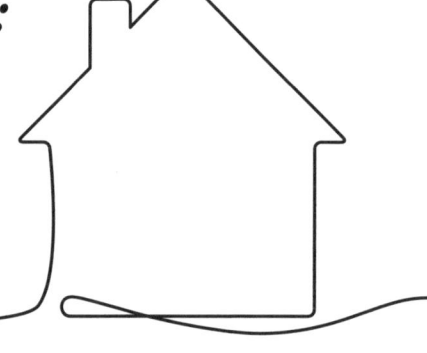

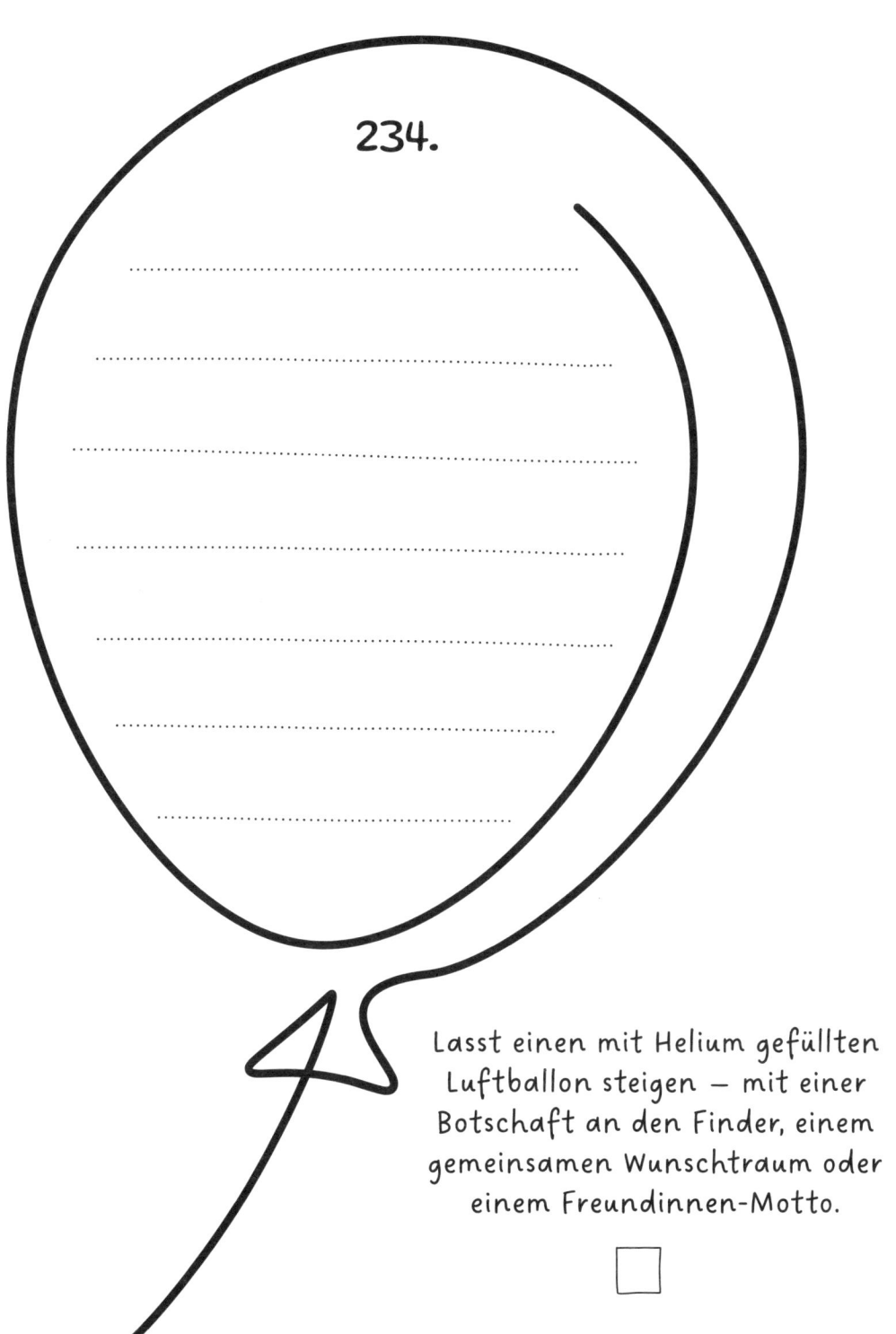

234.

Lasst einen mit Helium gefüllten
Luftballon steigen – mit einer
Botschaft an den Finder, einem
gemeinsamen Wunschtraum oder
einem Freundinnen-Motto.

235.

Viel Stress im Job

und keine Lust rauszugehen? Höchste Zeit
für Ablenkung, für die man nicht mal die
Wohnung verlassen muss: YouTube auf
dem Fernseher öffnen und gemeinsam
beim Yoga die innere Balance finden.

236.

Schwelgt in Erinnerungen, wenn ihr durch alte
Fotoalben blättert; Bilder am Laptop oder Smartphone
guckt. Da gibt's bestimmt ein paar tolle Fundstücke.
Letztere könnt ihr ausdrucken und zu einem

gemeinsamen Album
zusammenstellen.

237.

Ihr habt die gleiche Kleidergröße? Optimal!
Leiht euch gegenseitig eure liebsten Stücke aus und

kreiert neue Looks.

Wie schauen die eigenen
Sachen bei der anderen aus?

238.

Der Kleiderschrank platzt aus allen
Nähten und ihr habt trotzdem
nichts zum Anziehen?

Platz im Schrank schaffen oder alte Outfits
wiederentdecken! Schaut gemeinsam, wie man
welche Teile kombinieren kann – alle anderen gehen
oder erhalten eine zweite Chance in Second-Hand-
Läden oder werden über Vinted verkauft. Von dem
Gewinn könnt ihr dann zusammen shoppen gehen.

239.

Lasst die Kugeln beim

BOULE

auf den schattigen Sandfeldern im Stadtpark klackern. Rentnersport? Pah! Alleine das Zugucken ist unheimlich spannend. Inzwischen verwandeln sich sogar ganze Städte beim Crossboccia in ein einziges Spielfeld.

240.

Sightseeing

Ihr wolltet schon immer mal das Brandenburger Tor, den Kölner Dom oder Schloss Neuschwanstein sehen? Packt euch ein paar Snacks ein und fahrt los.

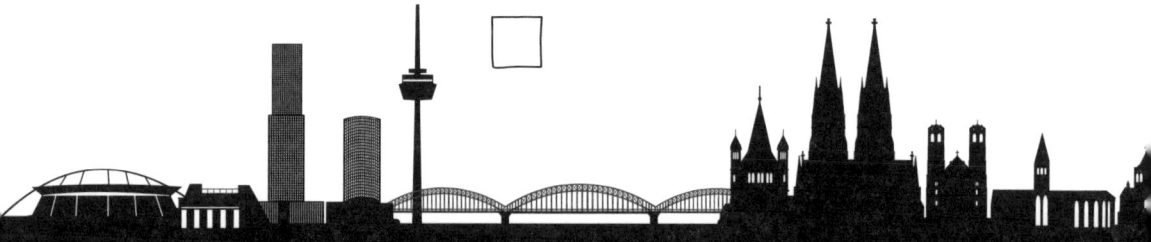

241.

Das Erdbeerfeld erwartet euch!

Pflückt frische Erdbeeren, nascht
und kocht aus dem Rest
selbstgemachte Marmelade.

☐

242.

Tupper war früher, jetzt geht's zur Dildo-Fee.
Vor allem auch bei Junggesellinnenabschieden beliebt.

☐

243.

BESCHREIBT EUCH GEGENSEITIG IN NUR DREI WORTEN.
WELCHE EIGENSCHAFTEN FALLEN EUCH SPONTAN EIN?

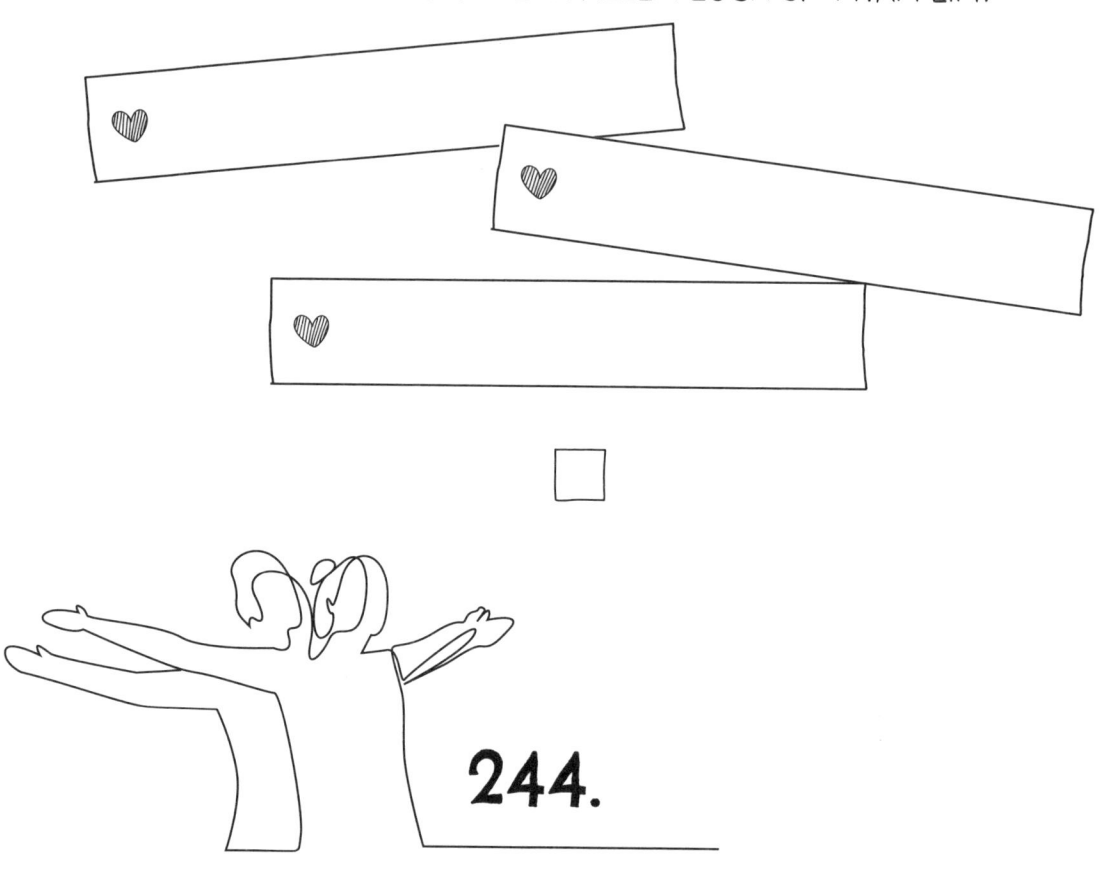

244.

Spielt eine Szene aus
eurem *Lieblingsfilm* nach.
Aus welchem Film stammt sie?

245.
Kälteschock!

Eisbaden liegt im Trend, dabei gilt das Baden
bei Minusgraden seit Jahrhunderten
als stärkend für die Abwehrkräfte.
Wichtig: Wer zum ersten Mal zum Eisbaden geht,
sollte nur wenige Sekunden im Wasser bleiben.

246.
HAPPY Holi

Feiert beim buntesten Fest der Welt

und bewerft euch gegenseitig mit grellen Farben.
Das hinduistische Holi Festival ist als indisches Farbenfest im
Frühling bekannt. Kleiner Tipp: Augen zu vorm Farb-Countdown,
damit sie nicht vom Feinstaub in der Luft gereizt werden.

247,
SKATE-NIGHT

SCHNÜRT DIE ROLLERBLADES UND ERKUNDET EURE STADT. IN DEN SOMMERMONATEN WERDEN VON REGIONALEN RADIOSENDERN Z. B. AUCH REGELMÄSSIG EVENTS MIT STRASSENSPERRUNGEN FÜR AUTOS VERANSTALTET.

248.
Backe, backe Kuchen ...

Die Küche wird zur Konditorei. Sucht euch ein Rezept und verrührt alle Zutaten. Oder macht einen Wettbewerb daraus, z. B. wer die Muffins hübscher verziert o. Ä. – Naschen ist ausdrücklich erlaubt.

249. □

Alles, was sich reimt ist gut.
Schreibt ein Gedicht über eure Freundschaft.
Die Länge ist dabei egal und ihr müsst
auch nicht die geborenen Poeten sein.

250.

Schreibt gemeinsam eine Bucket List.

☐ ....

☐ ....

☐ ....

☐ ....

☐ ....

☐ ....

☐ ....

☐ ....

☐ ....

☐ ....

☐ ....

We will be FRIENDS forever, YOU KNOW TOO MUCH

IMPRESSUM

ist ein Imprint der

HEEL Verlag GmbH
Gut Pottscheidt
53639 Königswinter
Tel.: 02223 9230-0
Fax: 02223 9230-13
E-Mail: info@heel-verlag.de
www.heel-verlag.de

Text: Stephanie Fischer, New Star Media, München
Umschlagdesign: Christine Mertens, HEEL Verlag
Satz und Gestaltung: My Linh Nguyen, Heinsberg
Bildredaktion: Hannah Gottfried
Projektleitung und Lektorat: Carolin Wischerath,
HEEL Verlag

© 2024 HEEL Verlag GmbH

FOLGT GERNE AUCH DEM HEEL VERLAG UNTER

 www.instagram.com/heelverlag

 www.facebook.com/heelverlag

 www.youtube.com/heelverlag

 @heelverlag

Fotos: © Adobe Stock: sukumarbd4 (S. 2), venimo (S. 4), CraftsSvg30 (S. 5, Handlettering), sanumko (S. 5, S. 11, Smiley), tagenu (S. 5, S. 11, S. 13, S. 18, S. 55, S. 79, S. 89, Post-its), Purrga (S. 5, Gitter), halimqdn (S. 5, Bilderrahmen), panaceaart (S. 5, S. 79, U4, Freundinnen), Tatiana Sidenko (S. 6), Anna Nazarenko (S. 7), Fox._.biz (S. 10, Schmuckelemente), panaceaart (S. 10, Schaukelkinder), AnyaLi (S. 10, S. 11, Dekoelemente), Hudoi Baran (S. 11, Wolken), Elena (S. 11, Kuchen), fuwari (S. 11, Kosmetik), vikusha_art (S. 12, Player), feyla gallery (S. 13, S. 122, S. 125, Herz), Simple Line (S. 14), Nattle (S. 15), vikusha_art (S. 16), sanumko (S. 17, Smileys), Oleksandr Pokusai (S. 17, Popcorn), Elena Pimukova (S. 17, Notes), baraka (S. 18, Zelt), Firoj (S. 18, Handlettering), Julia (S. 18, Banner), EVGENIY (S. 19, Erde), Barudak Lier (S. 19, Mikro), kru (S. 20, Korb), oldok (S. 20, rasende Oma), Ali (S. 21, Kart), anom_t (S. 21, Party People), onetime (S. 22, Flipboard), Nataliia (S. 23, Stricken), Юлия Мальцева (S. 23, Kristallkugel), Djoyotrue (S. 24, Berge), Ксения Омельченко (S. 24, Unendlich), anatolir (S. 25, Achterbahn), Simple Line (S. 25, Geschenk), Simple Line (S. 26, Lehrerin), Oleksandr Babich (S. 26, Eisbecher), martialred (S. 27, Feuerwerk), Simple Line (S. 27, Drachen), ArthaDesignStudio (S. 27, Spa), blankstock (S. 28, Würfel), Kreativ (S. 28, Hängematte), Катерина Тарасенко (S. 28, Cocktail), DINVECT (S. 29, Roller), Ann (S. 29, Handlettering), halimqdn (S. 29, S. 67, S. 79, S. 116, Rahmen), OneLineStock (S. 30, Tisch), agpha (S. 30, Tandem), ninin (S. 31, Kleeblatt), MuhammadZulfan (S. 31, Boxen), zolotons (S. 31, Hund), olllikeballoon (S. 32, Pool), Stockgiu (S. 32, Sandburg), ngupakarti (S. 33, Frau), Turgay Gasimli (S. 33, Stern), Orange Brush (S. 34, Mädchen), Sylfida (S. 35, Bubbles), ninafedorova (S. 35, Gewinner), OneLineStock (S. 35, Leserinnen), vladischern (S. 36, Aufguss), Katsiaryna (S. 36, Speisekarte), suriwgelena (S. 37, Buddha), gondo (S. 37, Heißluftballon), Valentina (S. 38, Party), Anna Nazarenko (S. 38, Tape), gmm2000 (S. 39, Flaschenpost), Ihor (S. 39, Wellen), hibrida (S. 40, Slackline), veleri_kz (S. 40, Kissenburg), Simple Line (S. 41, Paar), Christian Horz (S. 41, Herz), redchocolatte (S. 41, Kamera), Morena (S. 41, Pfanne), Anna (S. 42, Ozean), jenesesimre (S. 42, Hut), GarkushaArt (S. 43, Kuchen), Formatoriginal (S. 43, Ski), EVGENIY (S. 43, Picknick), nikagraphic (S. 44, Maske), Oleksandr Babich (S. 44, Kaffee), blankstock (S. 45, Timer), Artem (S. 45, Cocktail), Simple Line (S. 45, Bergsteigerinnen), AnyaLi (S. 46, Lotto), teploleta (S. 46, Rolle), Shalyapina (S. 47, Leuchtturm), Balint Radu (S. 48, Kinder), Helen-HD (S. 48, Cocktail), Nahid (S. 49, kletterndes Mädchen), ngupakarti (S. 49, Federball), AnyaLi (S. 49, Hygge Items), Ichizu (S. 50, Kosmetik), samuii (S. 50, Dinnerrunde), samuii (S. 51, Sprechblase), maxicons (S. 51, Truhe), StockVector (S. 51, Steine), nosyrevy (S. 52, Crowd), jenesesimre (S. 52, Spielplatz), by213 (S. 53, Hände), Olena (S. 53, Selfie), OneLineStock (S. 54, Segelboot), Ariestia (S. 54, Jumping), LadadikArt (S. 56, Grill), Feodora_21 (S. 57, Blumen), Simple Line (S. 57, Burg), ~ Bitter ~ (S. 57, Baum), Anna (S. 58, Kino), OneLineStock (S. 58, Hand), kamenuka (S. 59, Baumhaus), miko (S. 59, Kommode), mitay2 (S. 60, Lotus), cgterminal (S. 60, Wolken), aksol (S. 60, Feder), wanna (S. 62, Splash), Lifeking (S. 62, Müll), RetroClipArt (S. 63, Bowling), dariachekman (S. 63, Joggerin), ngupakarti (S. 63, Paraglider), SIRAPOB (S. 64, Joggerinnen), NADIA (S. 64, Masken), Simple Line (S. 64, Tanzpaar), S E P A R I S A (S. 65, Lama), aluna1 (S. 65, Picknick), ~ Bitter ~ (S. 66, Buch), ~ Bitter ~ (S. 56, Brunnen), marinavorona (S. 67, Cocktail), Polina Tomtosova (S. 58, S. 106, S. 115, Smiley), dzm1try (S. 68, Kompass), riz (S. 68, Golferin), Simple Line (S. 68, Jetski), PiXXart Photography (S. 69, Pusteblume), Adikris (S. 70, Springerin), Christian Horz (S. 70, Rosen), M (S. 71, Schuhe), warrior_inc (S. 71, Tracker), Simple Line (S. 71, Spielerin), pixelalex (S. 72, Flaschen), sabelskaya (S. 72, Monokelträger), designer_things (S. 73, Knoten), Ann Lou (S. 73, Marienkäfer), Nataliia (S. 73, SUP), Елена Бутусова (S. 74, Zipline), ngupakarti (S. 75, Hand), Gondex (S. 75, Besteck), UltimateCollection (S. 75, Flohmarkt), backup16 (S. 76, Sterne), senimanto (S. 76, Hände), arkadiwna (S. 77, Löffel), Dan (S. 77, Meerestiere), nikagraphic (S. 78, Lost Place), Катерина Лугова (S. 78, Gummistiefel), alya_haciyeva (S. 80, Billiard), roman bykhalov (S. 80, TV), artisttop (S. 80, Gitarristin), martstudio (S. 82, Champagner), Simple Line (S. 83, Hausschlüssel), ~ Bitter ~ (S. 83, Mikro), 11299327_4638412_BFF (S. 84, vouvraysan (S. 84, Jumping), rare (S. 85, Skyline), OneLineStock (S. 85, Tea), Simple Line (S. 86, Wasserpistole), SimpLine (S. 86, Fans), Simple Line (S. 86, Pferd), Ludmila (S. 87, Schreibwaren), Crashik (S. 87, Flaggen), ribkhan (S. 87, Paddel), Vectorillustrator (S. 87, Pyramide), bokasana (S. 88, Polarlichter), Enola99d (S. 89, Mütze), Noppharat (S. 89, Bürste), Simple Line (S. 89, Zahnarzt), Christian Horz (S. 90, Fahrrad), BigJoy (S. 90, Ziege), Aleksandr (S. 91, Lautsprecher), sahs94 (S. 91, Parfüm), HANNA (S. 92, Wein), Игорь Розводовский (S. 92, Fußspuren), sivirina (S. 93, Handlettering), Наталья Дьячкова (S. 94 o.), k_tatsiana (S. 94, Schlittschuhe), fokas.pokas (S. 95, Bombe), texturis (S. 96, Gummibären), Simple Line (S. 96, Hände), vectorgoods (S. 96, Kaffee), Simple Line (S. 97, Kletterin), barnawi (S. 97, Stopp), Klara Viskova (S. 98, Schneemann), Gondex (S. 98, Strand-Items), ShafiqGFX (S. 99, Filmstreifen), Maria.Epine (S. 100, Holunder), Анастасия Норина (S. 100, Gemüse), Maria (S. 101, Handlettering), Somkiat (S. 101, Übungen), Sunflower (S. 102, Planeten), ngupakarti (S. 102, Rechner), Rough Edges Supply (S. 103, Kokosnuss), anuwat (S. 103, Bubbles), Siniáka (S. 104, Handabdruck), perapong (S. 106, Baum), Polina Tomtosova (S. 106, Schlaf-Items), artisttop (S. 106, Telefon), clelia-clelia (S. 107, Nagellack), istry (S. 107, Garten), nikvector (S. 108, Auto), jenesesimre (S. 108, Toilettenpapier), Abderrahmen (S. 108, Code), pavector (S. 109, Handlettering), Ірина (S. 109, Küchenutensilien), jenesesimre (S. 110, Roulette), Graficriver (S. 110, Rubikswürfel), Olena (S. 111, Krone), The img (S. 112, Engel), inspiring.team (S. 112, Shopping), bioraven (S. 113, Landschaft), Kindlena (S. 113, Gläser), riz (S. 113, Sängerin), AllNikArt (S. 114, Kalender), aluna1 (S. 115, Ausstellung), Tartila (S. 115, Rahmen), Oleksandr Pokusai (S. 115, Zirkus), Olga Rai (S. 116, Möbel), artemstepanov (S. 116, Haus), LuckyStep (S. 117, Ballon), akhmett (S. 118, Buch), Valenty (S. 118, Lotussitz), Gwens graphic studio (S. 118, Foto), Оля Molly (S. 119, Bügel), schakty (S. 119, Mode), SimpLine (S. 120, Skyline), Miodrag (S. 120, Boccia), Yusuf (S. 121, Party), Gaia (S. 121, Erdbeeren), Ali (S. 122, Titanic), Handini_Atmodiwiryo (S. 123, Handlettering), Sonulkaster (S. 123, Eiswürfel), Elena (S. 124, Desserts), Irkhamsterstock (S. 124, Skater), nikagraphic (S. 125, Feder), Adrian Niederhäuser (S. 126, Eimer), Tatiana Sidenko (S. 127, Handlettering), jullyromas (S. 128, Icons).
© Shutterstock: StockAppeal (S. 48), © Freepik (S. 84), © Freepik: macrovector (S. 95, S. 103).

Printed in Czech Republic

ISBN 978-3-96664-760-1